DILE A TODOS

ROMPE EL SILENCIO DEL ABUSO INFANTIL

Escrito por KIM BUSHMAN AGUILAR

Traducido por Sandra Luz Aguilar Ramirez

Ilustrado por BRITYN WILLIS BENNETT

Introducción de la autora

Para las niñas y los niños:

Este libro se llama *Dile a Todos: Rompe el Silencio del Abuso Infantil*. Aquí van a aprender sobre dos conceptos opuestos: el abuso y la amabilidad. El abuso duele, hiere sus sentimientos y su cuerpo. Si alguien está abusando de ustedes no quiere que nadie lo sepa, les dice que lo mantengan en secreto. Pero, ¿Es una buena idea guardarlo en secreto cuando están sufriendo?. No, no guarden secretos cuando alguien está abusando de ustedes. Pueden decirle a un adulto que les ayude, que lo necesitan. Incluso pueden acudir a la persona que les está ayudando a leer este libro. ¡Díganle a todos hasta que obtengan ayuda!.

Por el contrario, la amabilidad se siente increíble. En este libro aprendemos sobre algunas formas en que las personas son amables entre ellas. Si elegimos ser amables cuando somos pequeños, al crecer y ser adultos vamos a elegir siempre ser amables con los demás. La amabilidad es la meta, siendo amables podemos cambiar el mundo. ¡La amabilidad empieza por ustedes!.

Esta edición se publicó por primera 2023
por Lawley Publishing,
una division de Lawley Enterprises LLC

ISBN 978-1-960137-46-3

Lawley Publishing
70 S. Val Vista Dr. #A3 #188
Gilbert, AZ 85296
www.LawleyPublishing.com

LAWLEY
PUBLISHING

Para los adultos:

Uno de los desafíos que enfrentamos al escribir un libro infantil sobre el abuso es que no podemos cubrir todos los temas que quisiéramos. Inevitablemente, alguna parte o situación no será de la completa satisfacción del lector adulto y esto es preocupante, ya que puede provocar que las y los niños no se conecten con el libro de manera tal, que los anime a terminar con el ciclo de abuso.

El objetivo de este libro es ayudar a ellos y ellas que están experimentando abuso, además de orientar de forma preventiva a quienes aún no han experimentado situaciones de esta índole. Por medio del contraste entre el abuso y la amabilidad, se intenta que los menores identifiquen lo que les está sucediendo o lo que podría sucederles y enseñarles cómo detenerlo.

Dile a Todos: Rompe el Silencio del Abuso Infantil, es un texto que se esfuerza por ser inclusivo, porque el maltrato infantil no discrimina motivos de género, raza, color, estatus socioeconómico, habilidad o capacidades diferentes, etnia o religión. Es un problema humano, universal y trágico.

Dile a Todos: Rompe el Silencio del Abuso Infantil, empodera a los niños y niñas para que puedan distinguir que el abuso es oscuridad y la amabilidad es luz. Para que ellos mismos sean una luz, al definir la amabilidad verbal, física y sexual.

Dile a Todos: Rompe el Silencio del Abuso Infantil, enseña a las y los niños cuáles son los opuestos saludables al abuso, pero de ninguna manera es integral.

Dile a Todos: Rompe el Silencio del Abuso Infantil, no incluye advertencias sobre creencias o ideologías religiosas personales, ni una discusión a profundidad sobre el consentimiento, la edad de consentimiento o el control de la natalidad, etc.

Estimado lector adulto, usted debe asumir el papel de maestro y guía. Mientras se prepara para leer *Dile a Todos: Rompe el Silencio del Abuso Infantil* con ellos y ellas, le sugiero encarecidamente que primero lo lea en privado; se familiarice con el ritmo y el lenguaje, se formule preguntas y proponga respuestas que incluyan su postura personal, especialmente para discutir la sección sobre amabilidad sexual. Debido a la naturaleza delicada de los temas, puede optar por separar a los infantes por edades para discutir algunos conceptos. También debe prepararse para asumir la responsabilidad si un niño o niña le cuenta sobre su abuso. Investigue el apoyo y los recursos de su comunidad, elabore un plan para proteger al menor y tome medidas contra el abusador con la ayuda de la policía, si es necesario.

Cuando lea el libro con los y las niñas, le recomiendo hacer pausas para permitirles interactuar con las palabras y las ilustraciones. Hágales preguntas sobre las situaciones representadas en el libro. Pídales que le hagan preguntas cuando no entiendan una palabra o un concepto y explíquelo. Esto le va a permitir evaluar la comprensión que están teniendo del tema y si necesitan ayuda o no, para contarle sobre su abuso personal en caso de tenerlo. Quiero hacer énfasis en que este es un momento muy importante de reflexión personal tanto para usted como para los menores y es poderoso.

El éxito de *Dile a Todos: Rompe el Silencio del Abuso Infantil*, depende totalmente de ustedes, los lectores. Ayudar a terminar el ciclo de abuso infantil comienza aquí.

Si alguien alguna vez
te menosprecia
por cómo hablas,
cómo te ves o cómo actúas,
si alguien alguna vez
te culpa
por cometer errores
cuando no hiciste
nada malo.

Si alguien alguna vez
te grita, insulta
y dice malas palabras,
si alguien alguna vez
se niega hablar contigo
o amenaza con lastimarte.

Detente,
piensa,
date la vuelta,
vete de ahí,
corre y dile,
¡DILE A TODOS!
eso me duele,
eso se llama
abuso verbal
y es un
mal uso de poder.

Algunas formas de abuso verbal están contra la ley,

pero pase lo que pase
el abuso verbal
NO ESTA BIEN.

El abuso
NUNCA
ESTA BIEN.

Si alguien alguna vez
te golpea
o azota con un cinturón
o cualquier otra cosa,
si alguien alguna vez
te agarra
o te tira al suelo
y te patea.

Si alguien alguna vez
te arroja objetos
o te quema o corta,
si alguien alguna vez
te estrangula,
asfixia
y no puedes
respirar.

Detente,

piensa,

date la vuelta,

vete de ahí,

corre y dile,

¡DILE A TODOS!

eso me duele,

eso se llama

abuso físico

y es un mal

uso de poder.

El abuso físico está contra la ley,

y el abuso físico NO ESTA BIEN.

El abuso NUNCA ESTA BIEN.

Si alguien alguna vez
te pide que le toques sus partes íntimas,
pene, senos o vagina, si alguien alguna vez
te sujeta y pone sus dedos o su pene
o cualquier otra cosa en alguna
parte de tu cuerpo.

Si alguien alguna
vez te dice:
"NO LO DIGAS,
te haré daño si lo haces,
ES NUESTRO
SECRETO
y te dice que eso
está bien".

Muerde,
patea,
empuja,
grita,
corre y dile,

¡DILE A TODOS!

eso me duele,

eso se llama

abuso sexual

y es EL PEOR

uso del poder.

El abuso sexual está contra la ley.
Y el abuso sexual NO ESTA BIEN.

El abuso
NUNCA
ESTA BIEN.

Escucha, ¿Estás escuchando? ¡Es importante! Recuerda, recuerda, recuerda. En algunas ocasiones las personas que amas te hacen cosas malas y quieren que lo mantengas en secreto. A veces abusan de ti, pero ¡Escucha!, NO ES CULPA TUYA.

Si alguien te hace cosas malas, no importa quien sea; tus padres, abuelos, tías, tíos, primos, hermanos, hermanas, maestros, amigos o personas que tú no conoces, incluyendo a otros niños, eso se llama abuso y el abuso está contra la ley.

El ABUSO
NO
ESTA BIEN.

Y guardar un secreto en cuanto al abuso NUNCA ESTA BIEN.

Corre, dile
¡DILE A TODOS!

¡Pide ayuda! ¡pide ayuda!
¡PIDE AYUDA!

¡ESO ME DUELE,
ME LASTIMA
Y NO ESTOY BIEN!

Porque nadie merece el abuso.
NADIE NUNCA MERECE EL ABUSO.

NADIE MERECE
EL ABUSO
NUNCA.

Si alguien te sonríe,
saluda y pregunta
¿cómo estás?,
si alguien te
felicita por tu
gran trabajo.

Si alguien te explica
con paciencia algo
que tú no entiendes,
si alguien te deja hablar
y escucha con atención.

Aplaude,
brinca,
sonríe,
canta,
corre y dile,
¡DILE A TODOS!
eso me hace feliz,

eso se llama

amabilidad verbal

y es un

gran uso de poder.

Y la amabilidad verbal está ¡perfectamente bien!

La amabilidad
SIEMPRE
ESTA BIEN.

Si alguien estrecha tu mano o te da palmaditas en los hombros de manera amistosa, si alguien te ayuda cuando te caes y te lastimas.

Si alguien piensa que eres genial y te felicita, si alguien te da un abrazo cuando estás triste y te ayuda a sentir mejor.

Aplaude,
brinca,
sonríe,
canta,
corre y dile,
¡DILE A TODOS!
eso me hace feliz,

eso se llama

amabilidad física

y es un

gran uso de poder.

Y la amabilidad física está
¡perfectamente bien!

La amabilidad
SIEMPRE
ESTA BIEN.

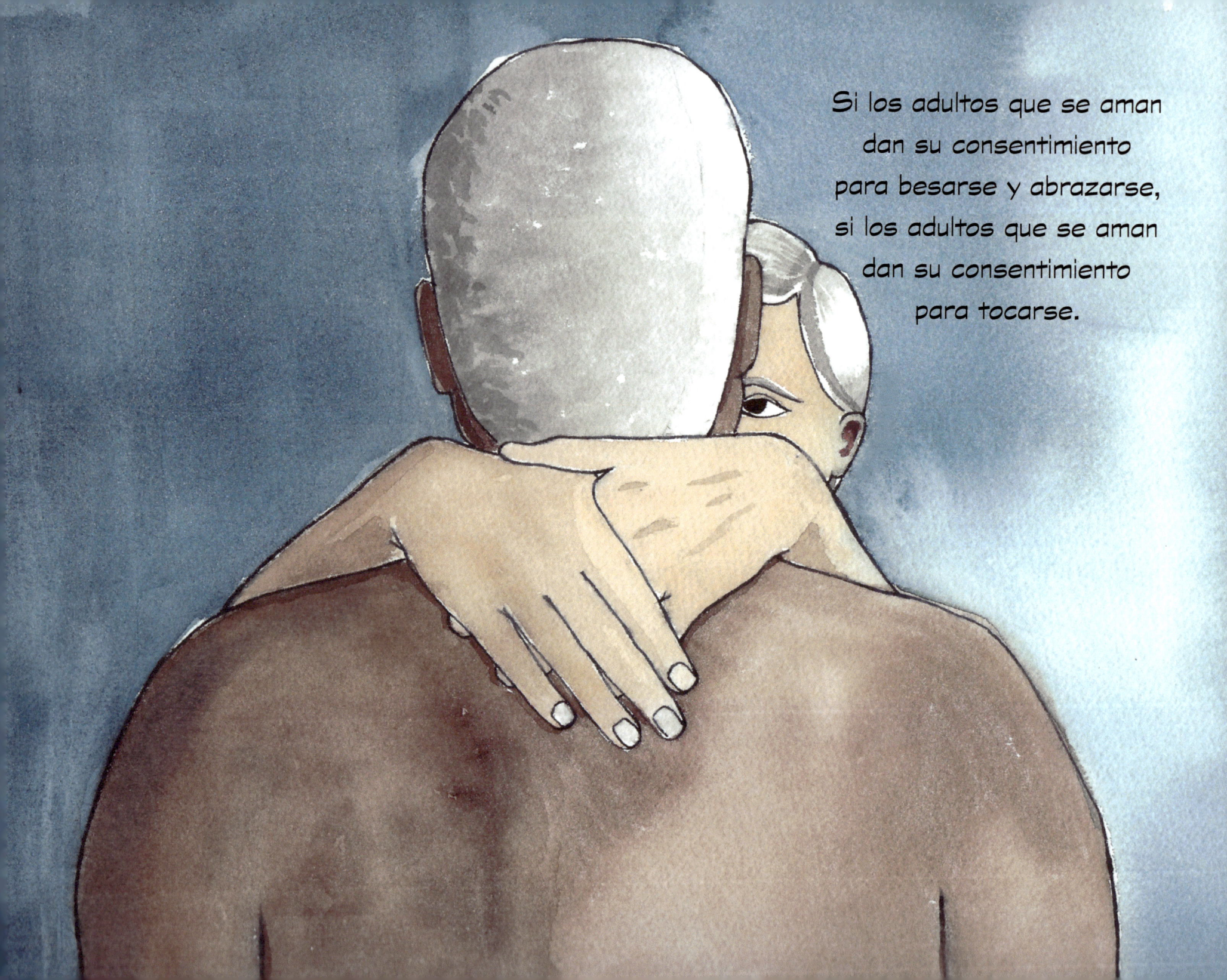

Si los adultos que se aman
dan su consentimiento
para besarse y abrazarse,
si los adultos que se aman
dan su consentimiento
para tocarse.

Si los adultos que se aman
desean estar juntos,
si los adultos que se aman
dan su consentimiento
para tener relaciones
sexuales en privado.

Aplaude,
brinca,
sonríe,
canta,
corre y dile,

¡DILE A
TODOS!

eso **LES** hace feliz,

eso se llama

amabilidad sexual

y es la mejor expresión

de poder amar.

Escucha, ¿Estás escuchando?, ¡Esto es importante! Recuerda, recuerda, recuerda. ¡La amabilidad es increíble!. La amabilidad verbal es la manera en que muestras respeto hacia los demás cuando hablas. Es lo opuesto al abuso verbal. La amabilidad física es respetar el espacio personal de los demás. Es lo opuesto al abuso físico. La amabilidad sexual es la forma en que los adultos muestran respeto mutuo cuando eligen tener experiencias sexuales privadas con la persona que aman. Es lo opuesto al abuso sexual. Y el abuso NUNCA ESTA BIEN. La amabilidad es la meta. ¡LA AMABILIDAD SIEMPRE ESTA BIEN!

Corre y dile, DILE A TODOS. ¡Bravo, bravo, BRAVO!
¡LA AMABILIDAD ES INCREIBLE!, ¡Todos merecen amabilidad!
Todos SIEMPRE MERECEN AMABILIDAD.

TODOS MERECEN AMABILIDAD SIEMPRE.

Recursos

Childhelp

6730 N. Scottsdale Rd, Suite 150
Scottsdale, Arizona 85253
Teléfono: (480) 922-8212
Llamada sin costo: (800) 4AC-HILD
TDD: (800) 2AC-HILD
Fax: (480) 922-7061
https://www.chilhelp.org/

Childhelp se dedica a ayudar a las víctimas de abuso y negligencia infantil. El enfoque de Childhelp se centra en la prevención, la intervención y el tratamiento. La línea directa nacional de abuso infantil Childhelp 1-800-4-A-CHILD funciona las 24 horas del día, los siete días de la semana y recibe llamadas de todo Estados Unidos, Canadá, las Islas Vírgenes de los Estados Unidos, Puerto Rico y Guam.
El programa y los servicios de Childhelp también incluyen servicios de tratamiento residencial: centros de defensa de las y los niños, hogares terapéuticos de acogida hogares grupales, prevención, educación y capacitación del abuso infantil, el día nacional de la esperanza y cada año en abril, el mes nacional de Prevención del Abuso Infantil.

Child Welfare Information Gateway

Children's Bureau/ACYF
330 C Street, S.W
Washington, District of Columbia 20201
Llamada sin costo: (800) 394-3366
Correo electrónico: info@childwelfare.gov
https://www.chilwelfare.gov/

Child Welfare Information Gateway conecta a los profesionales y al público en general con información y recursos destinados a la seguridad, la permanencia y el bienestar de los menores y sus familias. Un servicio de Children's Bureau, administración para las y los niños y sus familias, Departamento de salud y servicios humanos de EE.UU. Child Welfare Information Gateway brinda acceso a programas, investigaciones, leyes y políticas, recursos de capacitación, estadísticas y mucho más.

Child Abuse Watch.NET

P.O. Box 970715
Coconut Creek, Florida 33097
Teléfono: (800) 552-2197
Correo electrónico: info@abusewatch.net
https://www.abusewatch.net/

Child Abuse Watch.NET es un centro de recursos operado por One Child International, Inc. Proporciona información y recursos sobre el abuso infantil, la concientización sobre el abuso infantil y la educación sobre el abuso infantil para profesionales y otros miembros de la comunidad involucrados en actividades de prevención del abuso infantil.

Coalition for Children

Coalition for Children, Inc.
P.O. Box 6304
Denver, Colorado 80206
Teléfono: (303) 320-6328
Fax: (303) 809-6328
Correo electrónico: kraizer@safechild.org
http://www.safechild.org/

El programa niño seguro es un plan de estudios que enseña la prevención del abuso sexual, emocional y físico por parte de personas que conocen al menor. Prevención de abuso y secuestro por parte de extraños y seguridad en el autocuidado. Se presenta en una serie de preescolar a tercer grado y enseña una amplia base de habilidades para la vida.

Darkness to Light

1064 Gardner Road, Suite 210
Charleston, South Carolina 29407
Teléfono: (843) 965-5444
Llamada sin costo: (866) FOR-LIGHT (866-367-5444)
Fax: (843) 571-0902
https://www.d2l.org/

Darkness to Light es un programa de prevención primaria cuya misión es involucrar a los adultos en la prevención del abuso sexual infantil, reducir la incidencia del abuso sexual infantil a nivel nacional a través de la educación y la concientización pública dirigida a los adultos y proporcionarles la información para reconocer y reaccionar responsablemente ante el abuso sexual infantil.

National Child Protection Training Center

175 W Mark St.
PO Box 5838
Winona State University Campus
Winona, Minnesota 55987
Teléfono: (507) 457-5000
Llamada sin costo: (800) 342-5978
Fax: (507) 457-2899
https://www.zeroabuseproject.org/jwrc-and-ncptc-join-zero-abuse-project-zap/

National Child Protection Training Center (NCPTC) se esfuerza por reducir y buscar el fin del abuso infantil, la negligencia y otras formas de maltrato infantil a través de la educación, la capacitación, la concientización, la prevención y la defensa del menor. El centro promueve la reforma de las prácticas de capacitación actuales al proporcionar un plan de estudios educativo dirigido a los profesionales de protección infantil de primera línea actuales y futuros en todo el país, para que estén preparados para reconocer y denunciar el abuso infantil.

Children's Bureau

330 C Street, S.W.
Third Floor
Washington, District of Columbia 20201
https://www.acf.hhs.gov/cb

Children's Bureau es la agencia federal más antigua para niños, niñas y sus familias, está ubicada dentro del departamento de administración de servicios humanos y de salud para menores y familias. La oficina es responsable de ayudar a los estados a brindar servicios de bienestar infantil diseñados para proteger a los infantes y fortalecer a las familias. Además, proporciona asistencia a los estados, tribus y comunidades para operar una gama de servicios de bienestar infantil, incluidos los servicios de protección infantil, preservación y apoyo familiar, cuidado de crianza, adopción y vida independiente.

Kim Bushman Aguilar escribió *DILE A TODOS: Rompe el Silencio del Abuso Infantil*, durante la pandemia del coronavirus, mientras luchaba con la urgencia de llegar a las y los niños que se encuentran en situaciones que no pueden controlar. Su trabajo enseña a los menores a alzar la voz contra los males perniciosos que enfrentan. Kim siente que si su libro *DILE A TODOS: Rompe el Silencio del Abuso Infantil*, empodera incluso a un solo niño o niña que sufre abuso, entonces habrá logrado su propósito, pero su oración es que ellas y ellos reciban las herramientas que necesitan para abogar por sí mismos. Kim es autora de cinco libros para niños: *The Bushmans Come to America*, *The Bushmans in Nauvoo*, *Use your Words*, *I Love You Across the World* y *Tell Everyone: Break the Silence of Child Abuse*. Visite el sitio **kimbushmanaguilar.com** para mayor información sobre su vida y obra.

Brityn Willis Bennet nació en Arizona, pero se siente bendecida por haber vivido y viajado a muchos más estados y países. Desde el comienzo de su formación artística, a una edad temprana, las personas y sus historias han sido su tema favorito. Una vez, cuando estaba en una inundación en América Central, abrumada por todas las necesidades del mundo, le vino a la mente un mensaje poderoso: *Solo puedes hacer lo que una persona puede hacer pero, ¡hazlo ya!.* Esta creencia de que cada persona importa y ningún esfuerzo es demasiado pequeño es la luz que la guía como ilustradora y espera que los lectores perdonen las imperfecciones en su trabajo. Ella ha ilustrado los libros para niños: *The Bushmans Come to America* y *The Bushmans in Nauvoo*. Actualmente, vive en Las Vegas con su esposo y sus cuatro adorados hijos.

www.ingramcontent.com/pod-product-compliance
Lightning Source LLC
Chambersburg PA
CBHW040820120626
46551CB00005B/612